Impressum
Verlag: BABADADA GmbH, Nedderfeld 112 , 22529 Hamburg
Geschäftsführer / Verlagsleitung: Harald Hof
Druck: Books on Demand GmbH, In de Tarpen 42, 22848 Norderstedt

Imprint
Publisher: BABADADA GmbH, Nedderfeld 112 , 22529 Hamburg, Germany
Managing Director / Publishing direction: Harald Hof
Print: Books on Demand GmbH, In de Tarpen 42, 22848 Norderstedt, Germany

გაყოფა
ділити

186/2

დაფა
дошка

საკლასო ოთახი
класна кімната

სკოლის ეზო
шкільний двір

მასწავლებელი
вчитель

ქაღალდი
папір

წერა
писати

კალამი
ручка

მაგიდა
письмовий стіл

სახაზავი
лінійка

წიგნი
книга

მოსწავლე
учень

ზურგჩანთა
....
ранець

პენალი
....
пенал

ფანქარი
....
олівець

ფანქრების სათლელი
....
точило

საშლელი
....
гумка

ნახატების ალბომი
....
альбом для малювання

ნახატი

малюнок

ფუნჯი

пензель

საღებავის ყუთი

коробка фарб

მაკრატელი

ножиці

წებო

клей

სავარჯიშო რვეული

зошит

საშინაო დავალება

домашнє завдання

12

ნომერი

число

2+2

დამატება

додавати

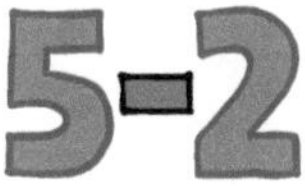

5-2

გამოკლება

віднімати

2×2

გამრავლება

множити

გამოთვლა

рахувати

A

წერილი

літера

ABCDEFG
HIJKLMN
OPQRSTU
VWXYZ

ანბანი

абетка

სიტყვა

слово

ტექსტი

текст

წაკითხვა

читати

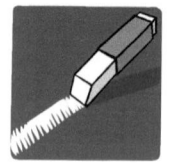

ცარცი

крейда

გაკვეთილი

година

რეგისტრაცია

класний журнал

გამოცდა

екзамен

სერტიფიკატი

диплом

სკოლის ფორმა

шкільна форма

განათლება

освіта

ენციკლოპედია

лексикон

უნივერსიტეტი

університет

მიკროსკოპი

мікроскоп

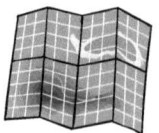

რუქა

карта

კალათა ნარჩენი ქაღალდებისათვის

кошик для паперу

სასტუმრო
готель
Grand
ჰოსტელი
турбаза
ROOMS
ვალუტის გადაცვლის პუნქტი
обмінний пункт
CHANGE
ჩემოდანი
валіза
მანქანა
автомобіль

ენა

мова

კი / არა

так / ні

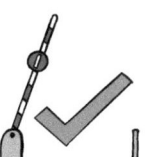

კარგი

добре

გამარჯობა

привіт

მთარგმნელი

перекладач

გმადლობთ

дякую

რა ღირს... ?

Скільки коштує ...?

ვერ გავიგე

Я не розумію

პრობლემა

проблема

აღამო მშვიდობისა!

Добрий вечір!

დილა მშვიდობისა!

Доброго ранку!

ღამე მშვიდობისა!

На добраніч!

ნახვამდის

До побачення

მიმართულება

напрямок

ბარგი

багаж

ჩანთა

сумка

ზურგჩანთა

рюкзак

სტუმარი

гість

ოთახი

кімната

საძილე ტომარა

спальний мішок

კარავი

намет

ტურისტული ინფორმაცია
....
туристична інформація

სანაპირო
....
пляж

საკრედიტო ბარათი
....
кредитна картка

საუზმე
....
сніданок

ლანჩი
....
обід

ვახშამი
....
вечеря

ბილეთი
....
квиток

ლიფტი
....
ліфт

საფოსტო მარკა
....
поштова марка

საზღვარი
....
межа

საბაჟო
....
митниця

საელჩო
....
посольство

ვიზა
....
віза

პასპორტი
....
паспорт

транспорт

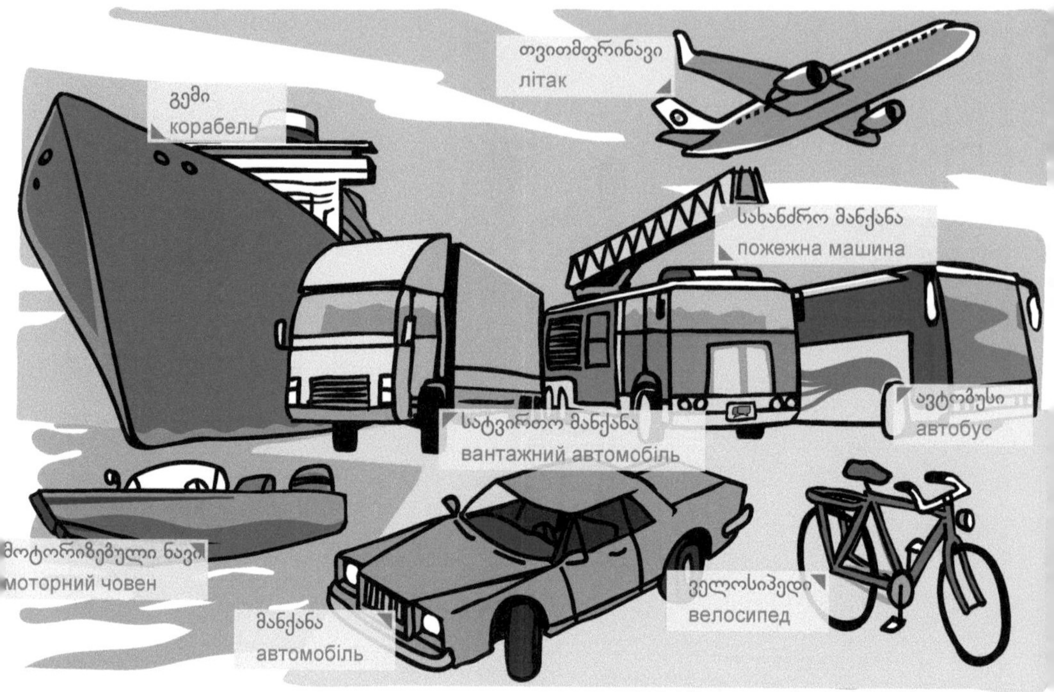

თვითმფრინავი
літак
გემი
корабель
სახანძრო მანქანა
пожежна машина
ავტობუსი
автобус
სატვირთო მანქანა
вантажний автомобіль
მოტორიზებული ნავი
моторний човен
ველოსიპედი
велосипед
მანქანა
автомобіль

ბორანი

пором

ნავი

човен

მოტოციკლი

мотоцикл

პოლიციის მანქანა

поліцейська машина

სარბოლო მანქანა

гоночний автомобіль

დაქირავებული მანქანა

автомобіль на прокат

მანქანის ერთობლივი მოხმარება

спільне користування авто

საბუქსირე მანქანა

евакуатор

ნაგვის მანქანა

сміттєвоз

ძრავა

двигун

საწვავი

паливо

ბენზინგასამართი სადგური

автозаправна станція

საგზაო ნიშანი

дорожній знак

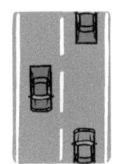

მოძრაობა

рух

საცობი

затор

მანქანის სადგომი

стоянка

მატარებლის სადგური

вокзал

ლიანდაგები

рейки

მატარებელი

потяг

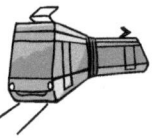

ტრამვაი

трамвай

ვაგონი

вагон

ვერტმფრენი

гелікоптер

აეროპორტი

аеропорт

კოშკი

вежа

მგზავრი

пасажир

კონტეინერი

контейнер

მუყაოს ყუთი

коробка

ურიკა

візок

კალათა

кошик

აფრენა / დაშვება

стартувати / приземлятися

місто

სოფელი

село

ქალაქის ცენტრი

центр міста

სახლი

дім

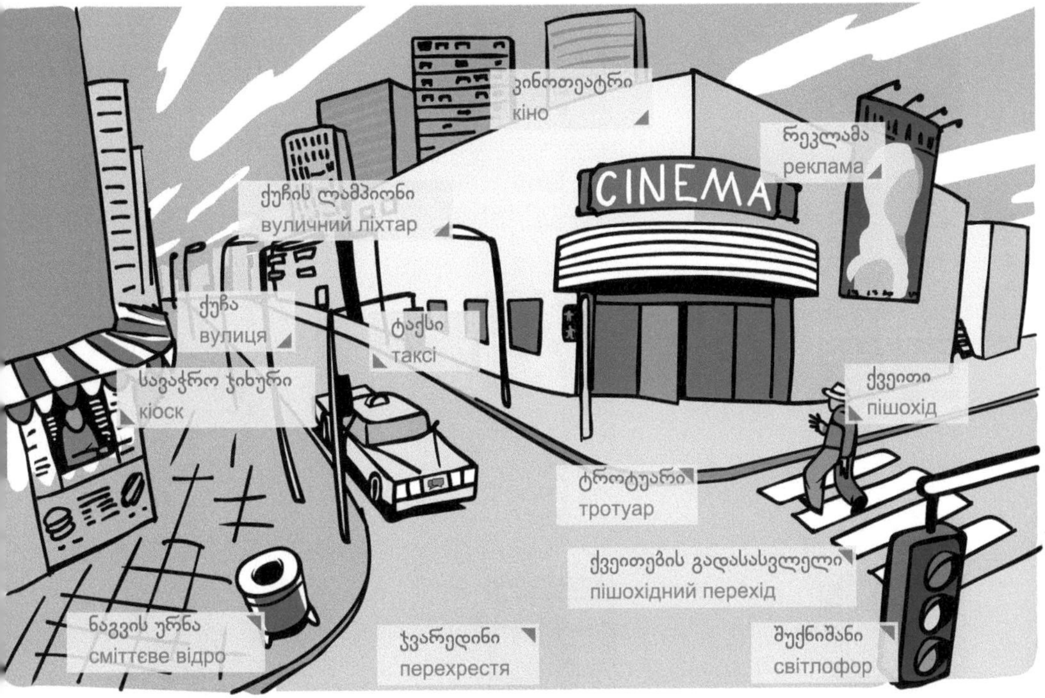

კინოთეატრი
кіно
რეკლამა
реклама
ქუჩის ლამპიონი
вуличний ліхтар
ქუჩა
вулиця
ტაქსი
таксі
სავაჭრო ჯიხური
кіоск
ქვეითი
пішохід
ტროტუარი
тротуар
ქვეითების გადასასვლელი
пішохідний перехід
ნაგვის ურნა
сміттєве відро
ჯვარედინი
перехрестя
შუქნიშანი
світлофор

ქოხი

хатина

ბინა

квартира

მატარებლის სადგური

вокзал

მუნიციპალიტეტი

ратуша

მუზეუმი

музей

სკოლა

школа

უნივერსიტეტი

університет

ბანკი

банк

საავადმყოფო

лікарня

სასტუმრო

готель

აფთიაქი

аптека

ოფისი

офіс

წიგნების მაღაზია

книжковий магазин

მაღაზია

магазин

ფლორისტი

квітковий магазин

სუპერმარკეტი

супермаркет

ბაზარი

ринок

მაღაზიის განყოფილება

універмаг

თევზის გამყიდველი

торговець рибою

სავაჭრო ცენტრი

торговельний центр

ნავსადგომი

гавань

პარკი

парк

გრძელი სკამი

лава

ხიდი

міст

კიბეები

сходи

მიწისქვეშა გადასასვლელი

метро

გვირაბი

тунель

ავტობუსის გაჩერება

автобусна зупинка

ბარი

бар

რესტორანი

ресторан

საფოსტო ყუთი

поштова скринька

ქუჩის ნიშანი

вулична табличка

პარკინგის საზომი

лічильник паркування

ზოოპარკი

зоопарк

საცურაო აუზი

басейн

მეჩეთი

мечеть

ფერმა
ферма

გარემოს დაბინძურება
забруднення
навколишнього
середовища

სასაფლაო
кладовище

ეკლესია
церква

საბავშვო მოედანი
дитячий майданчик

ტაძარი
храм

ландшафт

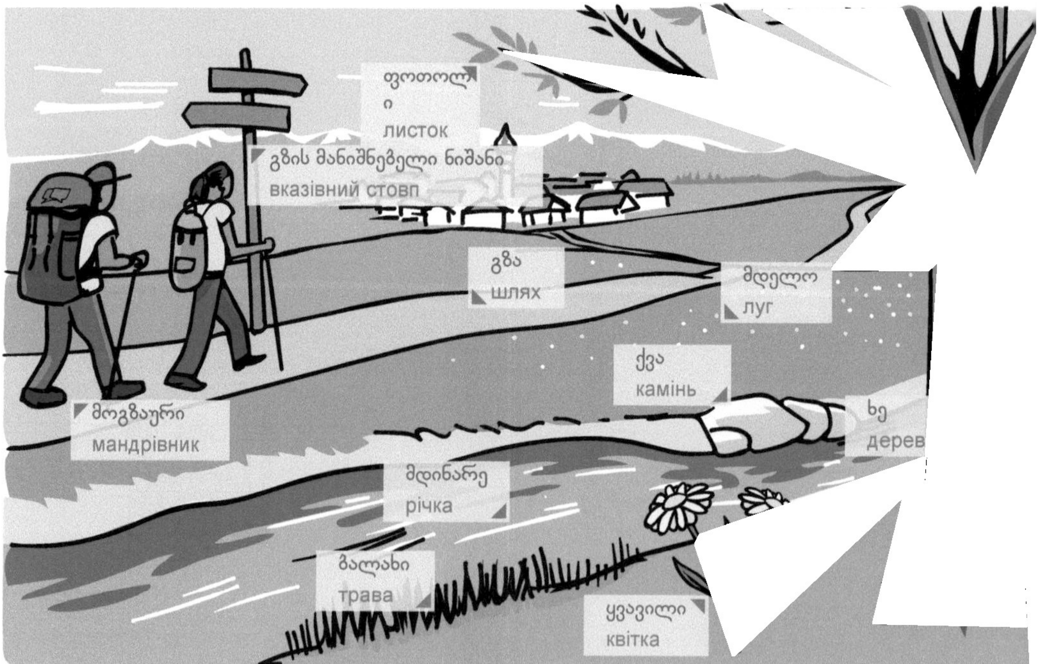

ფოთოლი
листок

გზის მანიშნებელი ნიშანი
вказівний стовп

გზა
шлях

მდელო
луг

ქვა
камінь

ხე
дерев

მდინარე
річка

მოგზაური
мандрівник

ბალახი
трава

ყვავილი
квітка

ხეობა
....
долина

გორაკი
....
гора

ტბა
....
озеро

ტყე
....
ліс

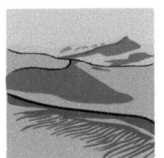

უდაბნო
....
пустеля

ვულკანი
....
вулкан

ციხე
....
замок

ცისარტყელა
....
веселка

სოკო
....
гриб

პალმა
....
пальма

კოღო
....
комар

ბუზი
....
муха

ჭიანჭველა
....
мурашка

ფუტკარი
....
бджола

ობობა
....
павук

ხოჭო

жук

ბაყაყი

жаба

ციყვი

вивірка

ზღარბი

їжак

კურდღელი

заєць

ბუ

сова

ფრინველი

птах

გედი

лебідь

ტახი

кабан

ირემი

олень

ცხენ-ირემი

лось

კაშხალი

гребля

ქარის ტურბინა

вітряк

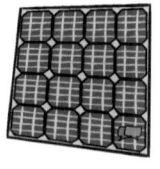

მზის ბატარეა

сонячний модуль

კლიმატი

клімат

მიმტანი
офіціант

მენიუ
меню

სკამი
стілець

სუპი
суп

პიცა
піца

დანა-ჩანგალი
столові прилади

მაგიდაზე გადასაფარებელი
скатертина

საუზმე
закуска

მთავარი კერძი
друга страва

დესერტი
десерт

დასალევი
напої

საჭმელი
їжа

ბოთლი
пляшка

სწრაფი კვება

фаст-фуд

ქუჩის საჭმელი

вулична їжа

ჩაიდანი

чайник

საშაქრე

цукорниця

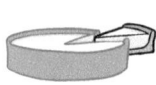

პორცია

порція

ესპრესოს მანქანა

еспресо-машина

მაღალი სკამი

високий стільчик

ანგარიში

рахунок

ლანგარი

піднос

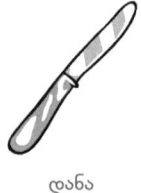

დანა

ніж

ჩანგალი

вилка

კოვზი

ложка

ჩაის კოვზი

чайна ложка

ხელსახოცი

серветка

ჭიქა

склянка

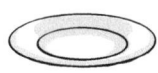

თეფში
....
тарілка

სუპის თეფში
....
тарілка для супу

ჩაის ლამბაქი
....
блюдце

საწებელი
....
соус

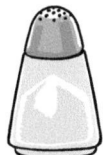

სამარილე
....
солонка

წიწაკის საფქვავი
....
млин для перцю

ძმარი
....
оцет

ზეთი
....
масло

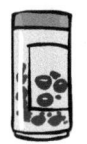

სანელებლები
....
спеції

კეტჩუპი
....
кетчуп

მდოგვი
....
гірчиця

მაიონეზი
....
майонез

супермаркет

სპეციალური შეთავაზება
пропозиція
მომხმარებელი
клієнт
რძის ნაწარმი
молочні продукти
ურიკა
візок для покупок
ხილი
фрукти

საყასბო

м'ясний магазин

საცხობი

пекарня

აწონვა

зважувати

ბოსტნეული

овочі

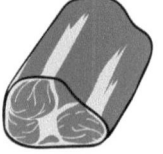

ხორცი

м'ясо

გაყინული საკვები

заморожені продукти

გრილი ხორცი

ковбасна нарізка

კონსერვები

консерви

სარეცხი ფხვნილი

пральний порошок

ტკბილეული

солодощі

საყოფაცხოვრებო პროდუქტები

предмети домашнього побуту

სარეცხი საშუალებები

мийний засіб

გამყიდველი

продавщиця

სალარო

каса

მოლარე

касир

საყიდლების სია

список покупок

მუშაობის საათები

часи роботи

პორტმანი

гаманець

საკრედიტო ბარათი

кредитна картка

ჩანთა

сумка

პლასტიკური პარკი

поліетиленовий пакет

напої

წყალი

вода

წვენი

сік

რძე

молоко

კოკა-კოლა

кола

ღვინო

вино

ლუდი

пиво

ალკოჰოლი

алкоголь

კაკაო

какао

ჩაი

чай

ყავა

кава

ესპრესო

еспресо

კაპუჩინო

капучіно

ბანანი

банан

ვაშლი

яблуко

ფორთოხალი

апельсин

საზამთრო

кавун

ლიმონი

лимон

სტაფილო

морква

ნიორი

часник

ბამბუკი

бамбук

ხახვი

цибуля

სოკო

гриб

კაკალი

горішки

ატრია

локшина

სპაგეტი

спагеті

ბრინჯი

рис

სალათი

салат

ჩიპსები

картопля фрі

შემწვარი კარტოფილი

смажена картопля

პიცა

піца

ჰამბურგერი

гамбургер

სენდვიჩი

бутерброд

კოტლეტი

шніцель

ლორი

шинка

სალიამი

салямі

ძეხვი

ковбаса

წიწილა

курка

შემწვარი ხორცი

печеня

თევზი

риба

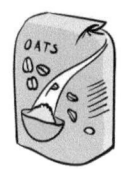

შვრიის ფაფა

вівсяні пластівці

მუსლი

мюслі

სიმინდის ფანტელები

кукурудзяні пластівці

ფქვილი

борошно

კრუასანი

круасан

ბულკი

булочка

პური

хліб

ტოსტი

тостовий хліб

ნამცხვრები

печиво

კარაქი

масло

ხაჭო

сир

ტორტი

пиріг

კვერცხი

яйце

ერბო-კვერცხი

яєчня

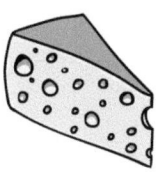

ყველი

сир

ნაყინი
....
морозиво

შაქარი
....
цукор

თაფლი
....
мед

ჯემი
....
мармелад

შოკოლადის კრემი
....
нуга-крем

კარი
....
карі

სოფლის სახლი
сільський будинок
თავლა
комора
ჩალის შეკვრა
солом'яні тюки
ყანა
поле
ცხენი
кінь
მისაბმელი
причіп
ტრაქტორი
трактор
კვიცი
лоша
ვირი
віслюк
ცხვარი
вівця
ცხვარი
ягня

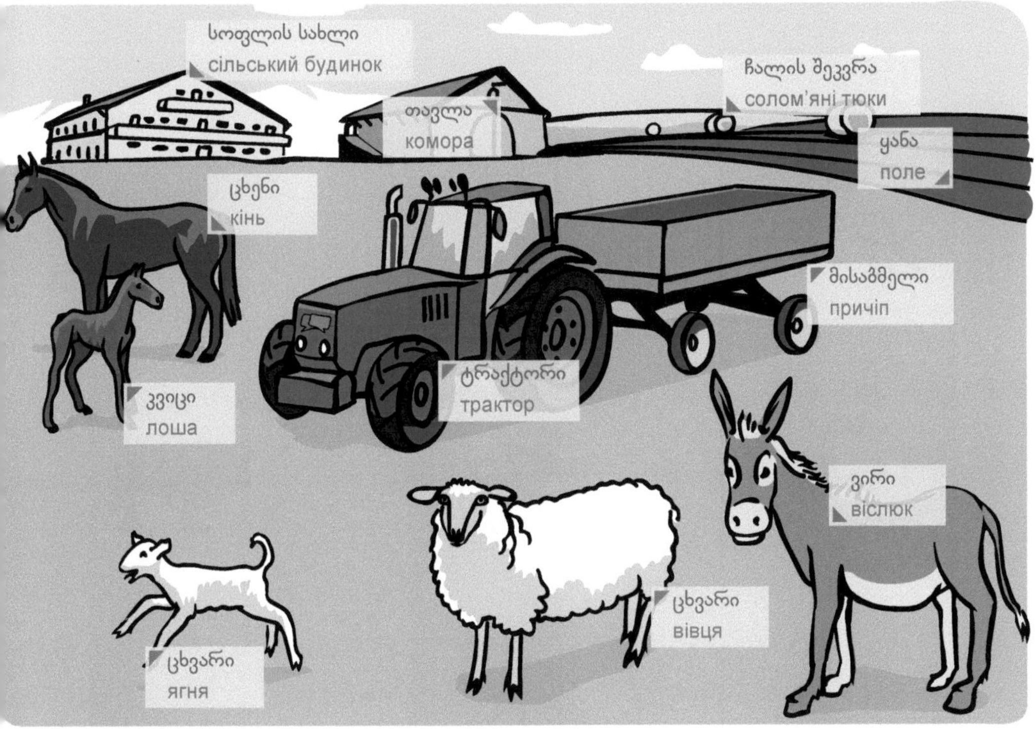

თხა
коза

ძროხა
корова

ხბო
теля

ღორი
свиня

გოჭი
порося

ხარი
бик

ბატი

гусак

იხვი

качка

წიწილა

курча

ქათამი

курка

მამალი

півень

ვირთხა

щур

კატა

кіт

თაგვი

миша

ხარი

віл

ძაღლი

собака

საძაღლე

собача будка

ბაღის შლანგი

садовий шланг

საბაღე წურწურა

лійка

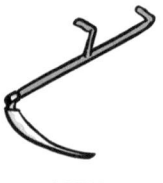

ცელი

коса

გუთანი

плуг

ნამგალი

серп

თოხი

мотика

პატივის სახვეტი ჩანგალი

вила

ცული

сокира

მაზიდი

тачка

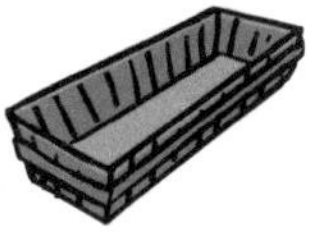

გობი

корито

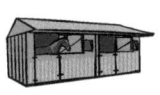

რძის ბიდონი

бідон молока

ტომარა

мішок

ღობე

паркан

ბოსელი

хлів

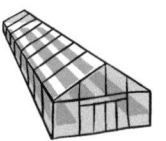

სათბური

теплиця

ნიადაგი

ґрунт

თესლი

насіння

სასუქი

добриво

მოსავლის ამღები კომბაინი

комбайн

მოსავლის აღება

пожинати

მოსავალი

урожай

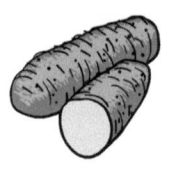

იამი

корінь ямсу

ხორბალი

пшениця

სოიო

соя

კარტოფილი

картопля

სიმინდი

кукурудза

სარეველას თესლი

ріпак

ხეხილი

плодове дерево

მანიოკი

маніок

მარცვლეული

злаки

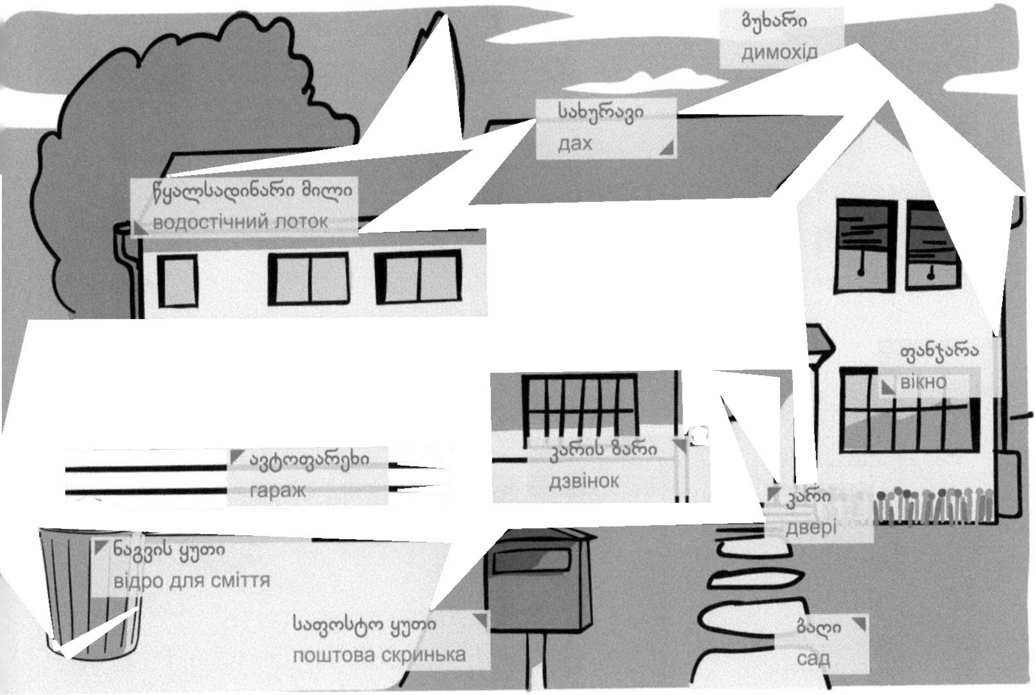

ბუხარი
димохід
სახურავი
дах
წყალსადინარი მილი
водостічний лоток
ფანჯარა
вікно
ავტოფარეხი
гараж
კარის ზარი
дзвінок
კარი
двері
ნაგვის ყუთი
відро для сміття
საფოსტო ყუთი
поштова скринька
ბაღი
сад

მისაღები ოთახი

вітальня

აბაზანა

ванна кімната

სამზარეულო

кухня

საძინებელი

спальня

საბავშვო ოთახი

дитяча кімната

სასადილო ოთახი

їдальня

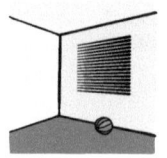

სართული

підлога

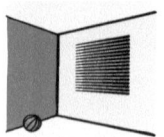

კედელი

стіна

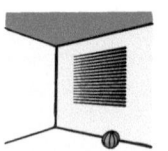

ჭერი

стеля

სარდაფი

підвал

საუნა

сауна

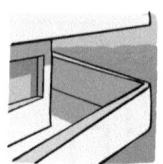

აივანი

балкон

ტერასა

тераса

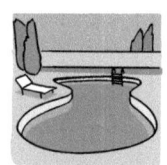

აუზი

басейн

გაზონის საკრეჭი

косарка

საბნის კონვერტი

простирало

საწოლი

ковдра

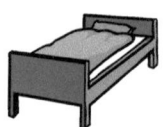

ლოგინი

ліжко

ცოცხი

мітла

სათლი

відро

გადამრთველი

перемикач

შპალერი
шпалери
ნახატი
малюнок
ნათურა
лампа
თარო
поличка
კარადა
шафа
ტელევიზორი
телевізор
ყვავილი
квітка
ბალიში
подушка
დივანი
диван
ვაზა
ваза
დისტანციური მართვა
пульт

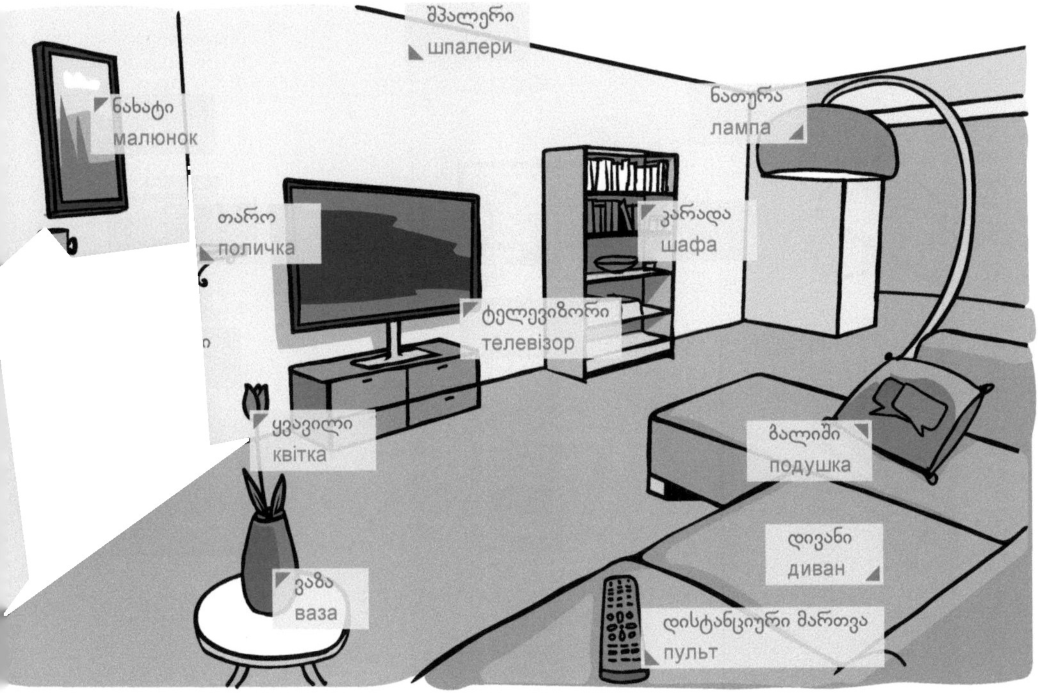

ხალიჩა

килим

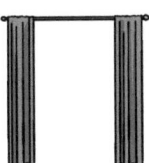

ფარდა

завіса

მაგიდა

стіл

სკამი

стілець

სარწეველა სკამი

крісло-гойдалка

სავარძელი

крісло

წიგნი

книга

საბანი

ковдра

დეკორაცია

прикраса

შეშა

дрова

ფილმი

фільм

hi-fi მოწყობილობები

стереосистема

გასაღები

ключ

გაზეთი

газета

ფერწერა

картина

პლაკატი

плакат

რადიო

радіо

ბლოკნოტი

блокнот

მტვერსასრუტი

пилосос

კაქტუსი

кактус

სანთელი

свічка

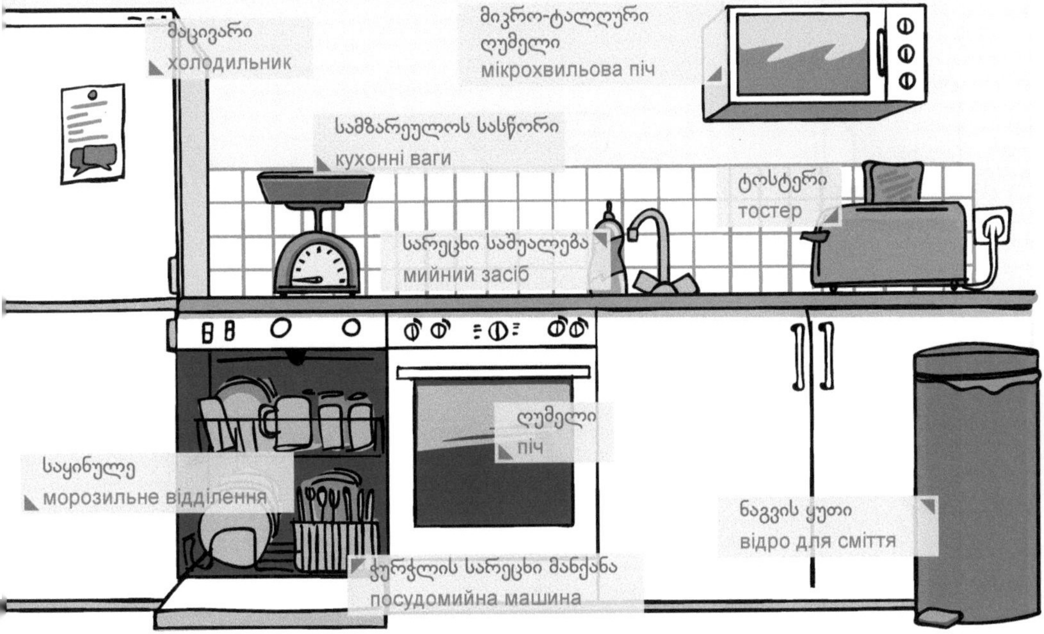

მაცივარი
холодильник
მიკრო-ტალღური ღუმელი
мікрохвильова піч
სამზარეულოს სასწორი
кухонні ваги
ტოსტერი
тостер
სარეცხი საშუალება
мийний засіб
ღუმელი
піч
საყინულე
морозильне відділення
ნაგვის ყუთი
відро для сміття
ჭურჭლის სარეცხი მანქანა
посудомийна машина

გაზქურა

плита

ქოთანი

горщик

თუჯის ქვაბი

чавунний горщик

ტაფა ამობერილი ფსკერით

вок / кадай

ტაფა

сковорода

ჩაიდანი

чайник

სამზარეულო - кухня 35

ორთქლსახარში

пароварка

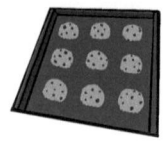

საცხობი ლანგარი

лист

ჭურჭელი

посуд

კათხა

кухоль

თასი

чаша

ჩინური ჩხირები

палички для їжі

ჩამჩა

черпак

ფითხი

лопатка

სათქვეფელა

вінчик для збивання

საწური

сито

საცერი

сито

სახეხი

терка

სანაყი

ступка

გრილი

барбекю

კოცონი

багаття

დაფა

дошка

საგორავი

качалка

ბურღი

штопор

ქილა

конзерва

ქილის გასახსნელი

відкривачка

ქოთნის დამჭერი

прихватки

ნიჟარა

раковина

ფუნჯი

щітка

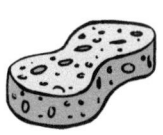

ღრუბელი

губка

ბლენდერი

міксер

საყინულე კამერა

морозильна камера

საბავშვო ბოთლი

дитяча пляшка

ონკანი

кран

გათბობა
опалення
შხაპი
душ
პირსახოცი
рушник
საშხაპე ფარდა
душова завіса
ღრუბლიანი აბანო
піниста ванна
ვანა
ванна
ჭიქა
склянка
სარეცხი მანქანა
пральна машина
ონკანი
кран
ფილები
плитка
ღამის ქოთანი
горшок
ნიჟარა
раковина

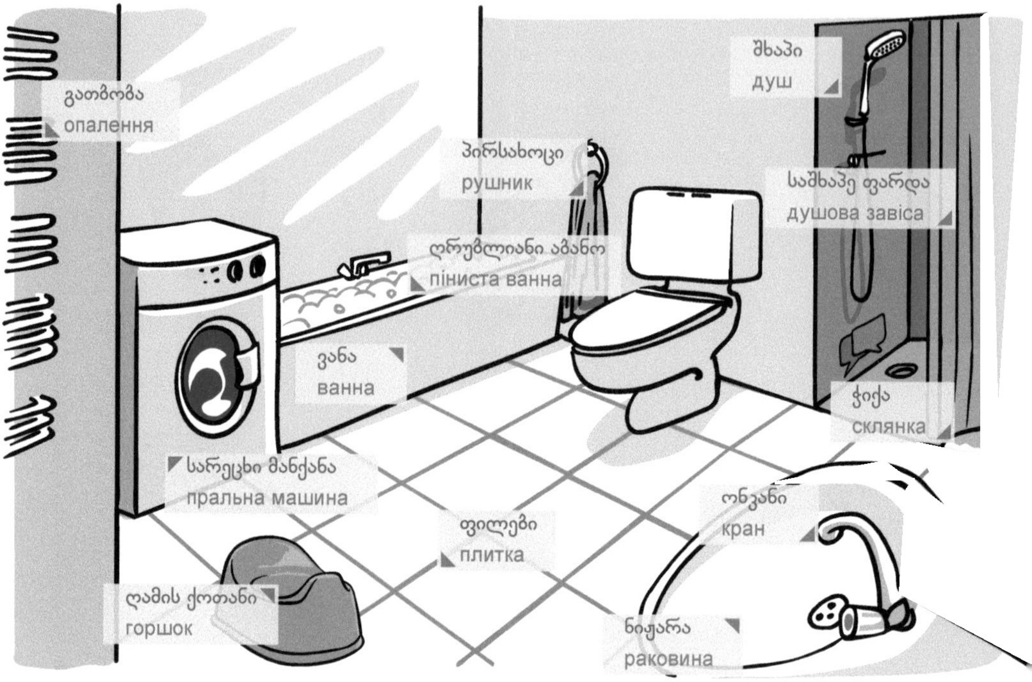

ტუალეტი

туалет

იატაკის ტუალეტი

підлоговий туалет

ბიდე

біде

კედლის პისუარი

пісуар

ტუალეტის ქაღალდი

туалетний папір

ტუალეტის ჯაგრისი

щітка для туалету

კბილის ჯაგრისი

зубна щітка

კბილის პასტა

зубна паста

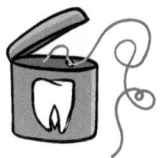

კბილის ძაფი

нитка для чищення зубів

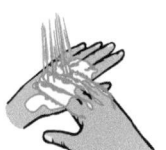

რეცხვა

мити

ხელის შხაპი

ручний душ

ინტიმური შხაპი

інтимний душ

ტაშტი

таз

ზურგის სახეხი ფუნჯი

щітка для спини

საპონი

мило

შხაპის გელი

гель для душу

შამპუნი

шампунь

ნეჭა

мочалка

სანიაღვრე

водостік

კრემი

крем

დეოდორანტი

дезодорант

სარკე

дзеркало

ხელის სარკე

косметичне дзеркало

ბრიტვა

бритва

საპარსი ქაფი

піна для гоління

საშუალება გაპარსვის შემდეგ

лосьйон після гоління

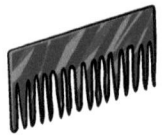

სავარცხელი

гребінь

ჯაგრისი

щітка

თმის საშრობი

фен

თმის ლაქი

лак для волосся

კოსმეტიკა

косметика

ტუჩების პომადა

губна помада

ფრჩხილის ლაქი

лак для нігтів

ბამბა

вата

ფრჩხილის მაკრატელი

ножиці для нігтів

სუნამო

парфум

კოსმეტიკის ჩანთა

косметичка

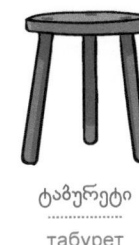

ტაბურეტი

табурет

სასწორი

ваги

სააბაზანო ხალათი

халат

რეზინის ხელთათმანები

гумові рукавички

ტამპონი

тампон

სანიტარული პირსახოცი

гігієнічні прокладки

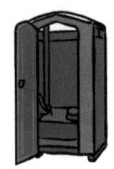

ბიო-ტუალეტი

біотуалет

дитяча кімната

მაღვიძარა
будильник
რბილი სათამაშო
м'яка іграшка
სათამაშო მანქანა
іграшковий автомобіль
ჩხარუნა სათამაშო
брязкальце
თოჯინების სახლი
ляльковий будиночок
საჩუქარი
подарунок

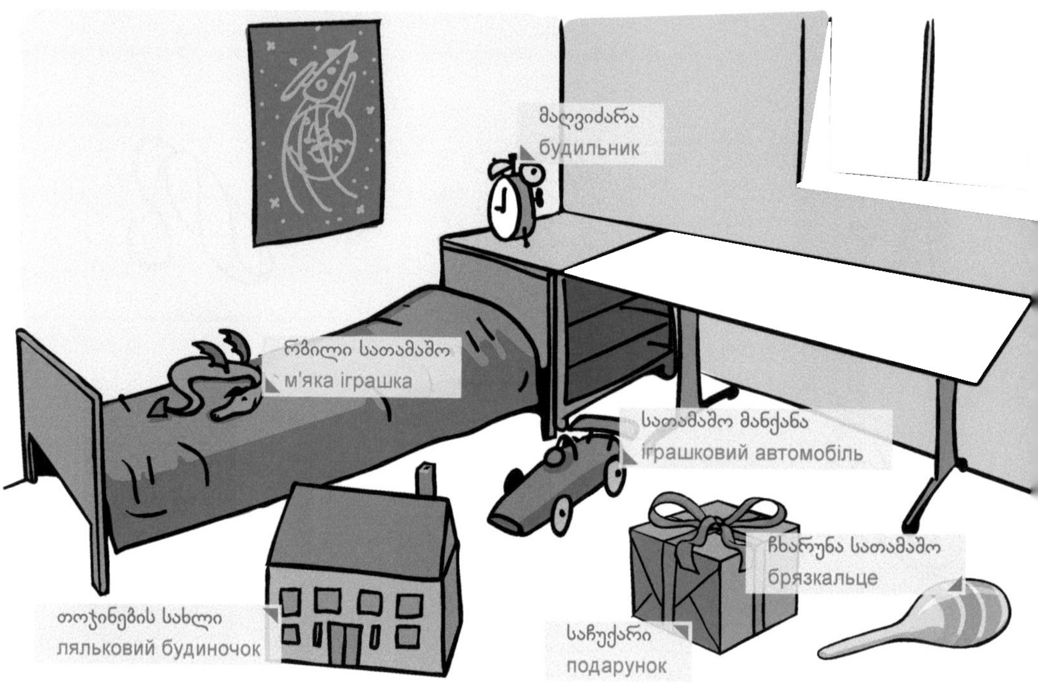

ბუშტი

повітряна кулька

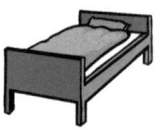

ლოგინი

ліжко

საბავშვო ეტლი

дитячий візок

კარტის თამაში

картярська гра

პაზლი

пазл

კომიკსი

комікс

ლეგოს აგურები

лего цеглинки

ასაშენებელი კუბიკები

блоки

სათამაშო ფიგურა

іграшкова фігурка

საცოცავი

повзунки

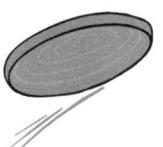

ფრისბი

фризбі

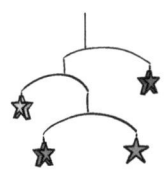

მობილე

мобіле

სამაგიდო თამაში

настільна гра

კამათელი

кубик

რკინიგზის მოდელი

модель залізнична станція

საწოვარა

соска

წვეულება

вечірка

წიგნი ნახატებით

книжка з картинками

ბურთი

м'яч

თოჯინა

лялька

თამაში

грати

საქვიშარი

пісочниця

საქანელა

гойдалка

სათამაშოები

іграшка

ვიდეო თამაშის კონსოლი

гральна консоль

სამთვლიანი ველოსიპედი

триколісний велосипед

დათუნია

плюшевий мішка

გარდერობი

шафа

ОДЯГ

წინდები

шкарпетки

ჩულქები

панчохи

კოლგოტები

колготки

შარფი
шарф

ქოლგა
парасоля

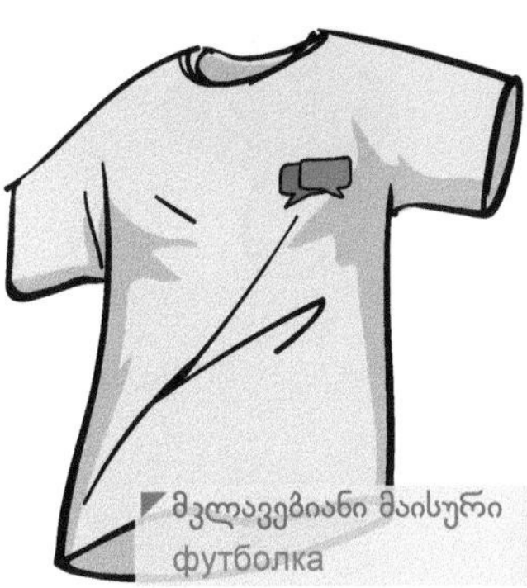

მკლავებიანი მაისური
футболка

ქამარი
ремінь

ბოტასები
кросівки

ფეხსაცმელი
чоботи

ჩუსტები
домашнє взуття

სანდლები

сандалі

ფეხსაცმელი

взуття

რეზინის ჩექმები

гумові чоботи

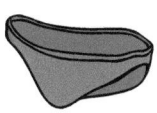

ტრუსები

труси

ბიუსჰალტერი

бюстгальтер

მაისური

нижня сорочка

სხეული

боді

შარვალი

штани

ჯინსი

джинси

ქვედაკაბა

спідниця

ბლუზი

блузка

პერანგი

сорочка

სვიტრი

пуловер

კაპიუშონიანი ჟაკეტი

светр

სპორტული ქურთუკი

піджак

ჟაკეტი

куртка

პალტო

пальто

საწვიმარი

дощовик

კოსტუმი

костюм

კაბა

сукня

საქორწილო კაბა

весільна сукня

კაცის კოსტიუმი

костюм

ღამის პერანგი

нічна сорочка

პიჟამოები

піжама

სარი

сарі

თავშალი

головна хустка

ტურბანი

чалма

ჩადრი

бурка

ხიფთანი

кафтан

აბაია

абая

საცურაო კოსტუმი

купальник

ჩემოდნები

плавки

შორტები

шорти

სპორტული კოსტიუმი

тренувальний костюм

წინსაფარი

фартух

ხელთათმანები

рукавички

ღილი
....
гудзик

სათვალეები
....
окуляри

სამაჯური
....
браслет

ყელსაბამი
....
ланцюг

ბეჭედი
....
кільце

საყურე
....
сережка

კეპი
....
шапка

საკიდი
....
плічка

ქუდი
....
капелюх

ჰალსტუხი
....
краватка

ელვა-შესაკრავის შეკვრა
....
застібка-блискавка

ჩაფხუტი
....
шолом

აჭიმი
....
підтяжки

სკოლის ფორმა
....
шкільна форма

ფორმა
....
уніформа

ბავშვის წინსაფარი
нагрудник

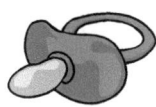

საწოვარა
соска

პამპერსი
підгузок

офіс

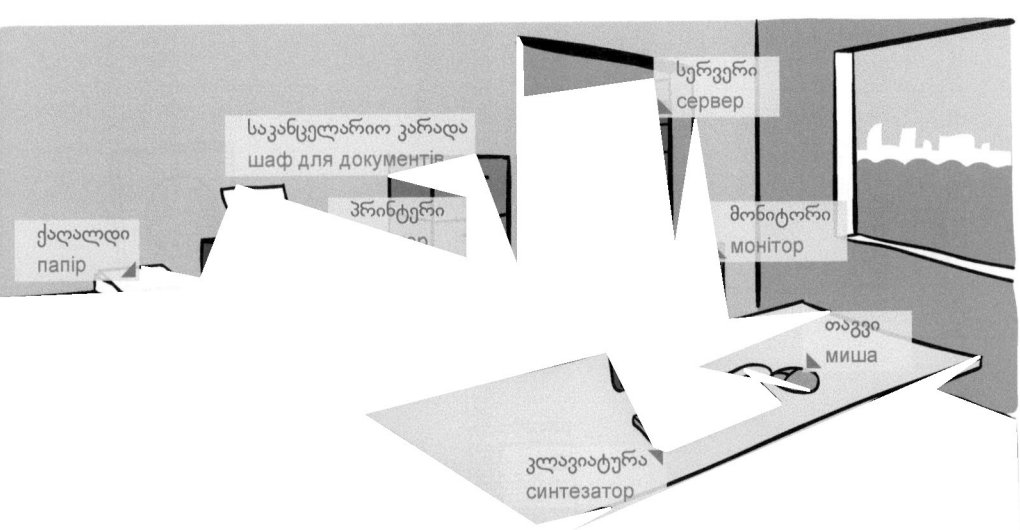

სერვერი
сервер

საკანცელარიო კარადა
шаф для документів

ქაღალდი
папір

პრინტერი

მონიტორი
монітор

თაგვი
миша

კლავიატურა
синтезатор

ლოთა ნარჩენი ქაღალდებისათვის
...шик для паперу

ყავის ფინჯანი
кавовий кухоль

კალკულატორი
калькулятор

ინტერნეტი
інтернет

ლეპტოპი
ноутбук

წერილი
лист

მესიჯი
повідомлення

მობილური ტელეფონი
мобільний телефон

ქსელი
мережа

სკანერი
копіювальний пристрій

პროგრამული
უზრუნველყოფა
програмне забезпечення

ტელეფონი
телефон

როზეტი
розетка

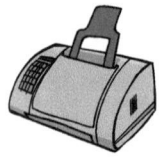

ფაქსის მანქანა
факс

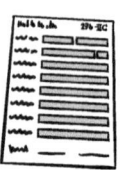

ფორმულარი
бланк

დოკუმენტი
документ

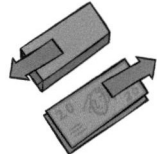

ყიდვა

купувати

გადახდა

платити

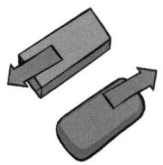

ვაჭრობა

торгувати

ფული

гроші

USD

დოლარი

долар

EUR

ევრო

євро

JPY

იენი

ієна

RUB

რუბლი

рубль

CHF

შვეიცარული ფრანკი

франк

ჟენმინბი იუანი

юанів женьміньбі

INR

რუპი

рупія

ბანკომატი

банкомат

ვალუტის გადაცვლის პუნქტი
обмінний пункт

ოქრო
золото

ვერცხლი
срібло

ნავთობი
нафта

ენერგია
енергія

ფასი
ціна

ხელშეკრულება
контракт

გადასახადი
податок

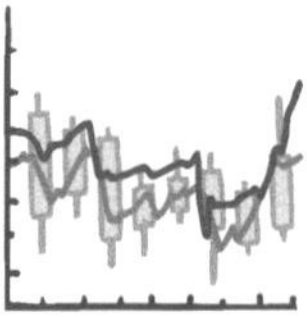

აქცია
акція

მუშაობა
працювати

თანამშრომელი
працівник

დამსაქმებელი
роботодавець

ქარხანა
фабрика

მაღაზია
магазин

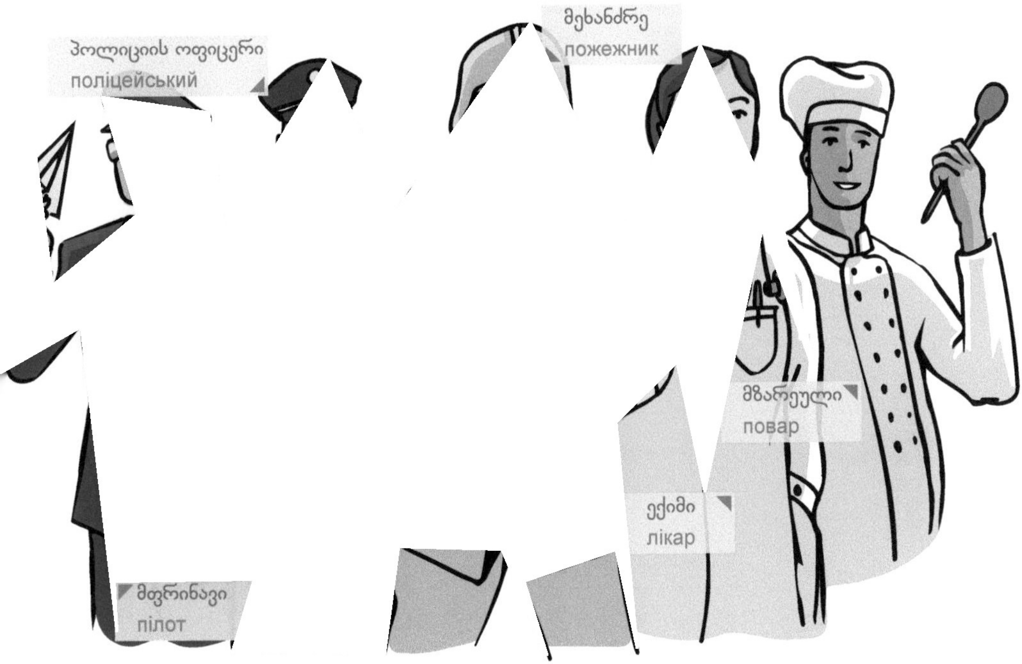

პოლიციის ოფიცერი
поліцейський

მეხანძრე
пожежник

მზარეული
повар

ექიმი
лікар

მფრინავი
пілот

მებაღე
садівник

დურგალი
столяр

თეთრეულის მკერავი
ქალბატონი
швачка

მოსამართლე
суддя

ქიმიკოსი
хімік

მსახიობი
актор

ავტობუსის მძღოლი

водій автобуса

ტაქსის მძღოლი

таксист

მეთევზე

рибалка

დამლაგებელი ქალბატონი

прибиральниця

სახურავის ოსტატი

покрівельник

მიმტანი

офіціант

მონადირე

мисливець

ფერმწერი

художник

მცხობელი

пекар

ელექტრიკოსი

електрик

მშენებელი

будівельник

ინჟინერი

інженер

ყასაბი

забійник

სანტექნიკოსი

бляхар

ფოსტალიონი

листоноша

ჯარისკაცი
солдат

არქიტექტორი
архітектор

მოლარე
касир

ფლორისტი
флорист

პარიკმახერი
перукар

კონდუქტორი
кондуктор

მექანიკოსი
механік

კაპიტანი
капітан

სტომატოლოგი
дантист

მეცნიერი
вчений

რაბინი
рабин

იმამი
імам

ბერი
монах

სასულიერო პირი
пастор

інструменти

ჩაქუჩი
молоток
ბრტყელტუჩა
щипці
სახრახნისი
викрутка
ქანჩის გასაღები
гайковий ключ
ჯიბის სანათი
кишеньковий ліх

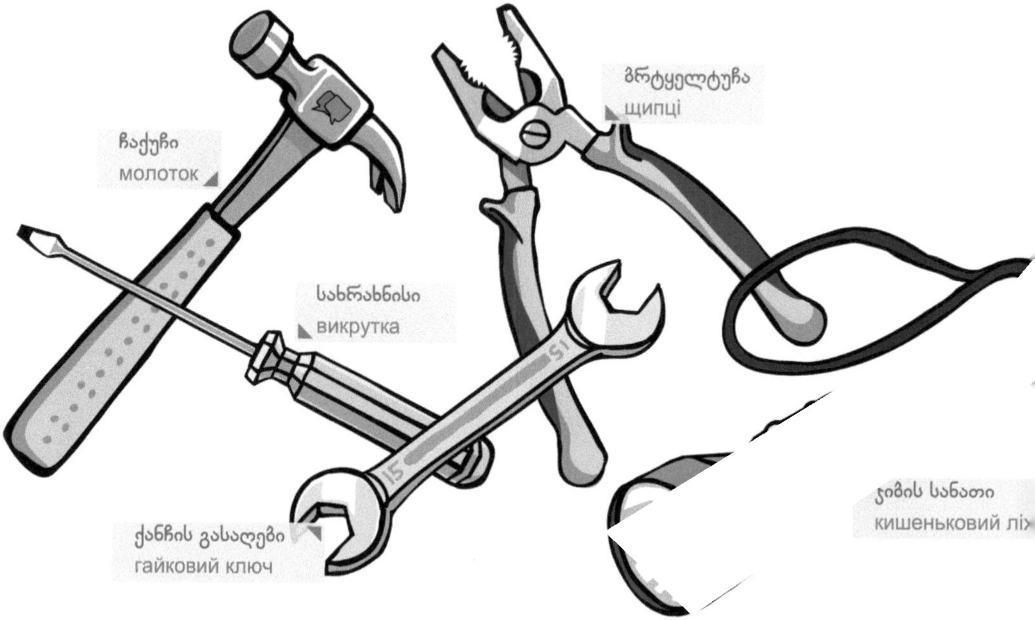

ექსკავატორი
екскаватор

იარაღების ყუთი
ящик для інструментів

კიბე
драбина

ხერხი
пилка

ლურსმები
цвяхи

საბურღი
свердло

შეკეთება

ремонтувати

ნიჩაბი

лопата

ანდაზა!

лайно!

აქანდაზი

совок

საღებავის ქოთანი

відро з фарбою

ხრახნები

гвинти

музичні інструменти

რეპროდუქტორ
ი
динамік
დასარტყამი ინსტრუმენტების კრებული
ударна установка
გიტარა
гітара
კონტრაბასი
контрабас
საყვირი
труба

ფორტეპიანო

фортепіано

ვიოლინო

скрипка

ბასი

бас

ტიმპანონი

литаври

დასარტყამები

барабан

კლავიშები

клавіатура

საქსოფონი

саксофон

ფლეიტა

флейта

მიკროფონი

мікрофон

შესასვლელი
вхід
ვეფხვი
тигр
გალია
клітка
ზებრა
зебра
ცხოველთა საკვები
корм
პანდა
панда

ცხოველები
тварини

სპილო
слон

კენგურუ
кенгуру

მარტორქა
носоріг

გორილა
горила

დათვი
ведмідь

აქლემი

верблюд

სირაქლემა

страус

ლომი

лев

მაიმუნი

мавпа

ფლამინგო

фламінго

თუთიყუში

папуга

პოლარული დათვი

білий ведмідь

პინგვინი

пінгвін

ზვიგენი

акула

ფარშევანგი

павич

გველი

змія

ნიანგი

крокодил

ზოოპარკის მფლობელი

працівник зоопарку

სელაპი

тюлень

იაგუარი

ягуар

პონი

поні

ლეოპარდი

леопард

ბეჰემოტი

гіпопотам

ჟირაფი

жираф

არწივი

орел

ტახი

кабан

თევზი

риба

კუ

черепаха

მორჟი

морж

მელა

лисиця

გაზელი

газель

ამერიკული ფეხბურთი
американський футбол
ველოსპორტი
їзда на велосипеді
ჩოგბურთი
теніс
კალათბურთი
баскетбол
ცურვა
плавання
კრივი
бокс
ყინულის ჰოკეი
хокей

ფეხბურთი

футбол

ბადმინტონი

бадмінтон

მძლეოსნობა

легка атлетика

ხელბურთი

гандбол

სათხილამურო სპორტი

лижні перегони

წყლის პოლო

поло

გადახტომა
стрибати

დაცინვა
сміятися

ჩახუტება
обіймати

სეირნობა
йти

სიმღერა
співати

ოცნებობა
мріяти

ლოცვა
молитися

კოცნა
цілувати

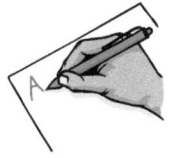

წერა
писати

დახატვა
малювати

ჩვენება
показувати

დაჭერა
тиснути

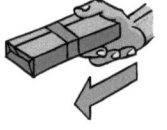

მიცემა
давати

აღება
брати

ქონა

мати

კეთება

робити

ყოფნა

бути

დგომა

стояти

გარბენა

бігати

მოქაჩვა

тягнути

გადაყრა

кидати

დაცემა

падати

ტყუილის თქმა

лежати

მოცდენა

очікувати

ტარება

носити

ჯდომა

сидіти

ჩაცმა

одягати

ძილი

спати

გაღვიძება

просипатися

დათვალიერება

дивитися

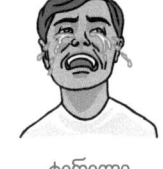

ტირილი

плакати

გაუთოება

гладити

დავარცხნა

розчісувати

ლაპარაკი

розмовляти

გაგება

розуміти

შეკითხვა

питати

მოსმენა

слухати

დალევა

пити

ჭამა

їсти

დალაგება

прибирати

ყვარება

любити

კერძების მზადება

варити

სვლა

їхати

ფრენა

літати

აფრის ქვეშ სიარული

йти під вітрилом

გამოთვლა

рахувати

წაკითხვა

читати

შესწავლა

вчитися

მუშაობა

працювати

ქორწინება

одружуватися

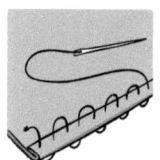

კერვა

шити

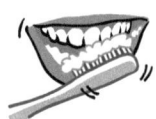

კბილების ხეხვა

чистити зуби

მოკვლა

убивати

მოწევა

курити

გაგზავნა

посилати

ბებია
бабуся
ბაბუა
дідуся
მამა
батько
დედა
мати
немовля
ქალიშვილი
донька
ვაჟიშვილი
син

სტუმარი

гість

დეიდა

тітка

ბიძა

дядько

ძმა

брат

და

сестра

შუბლი
чоло

თვალი
око

მხარი
плече

თითი
палець

სახე
обличчя

ნიკაპი
підборіддя

ხელი
кисть

მკერდი
груди

ფეხი
нога

მკლავი
рука

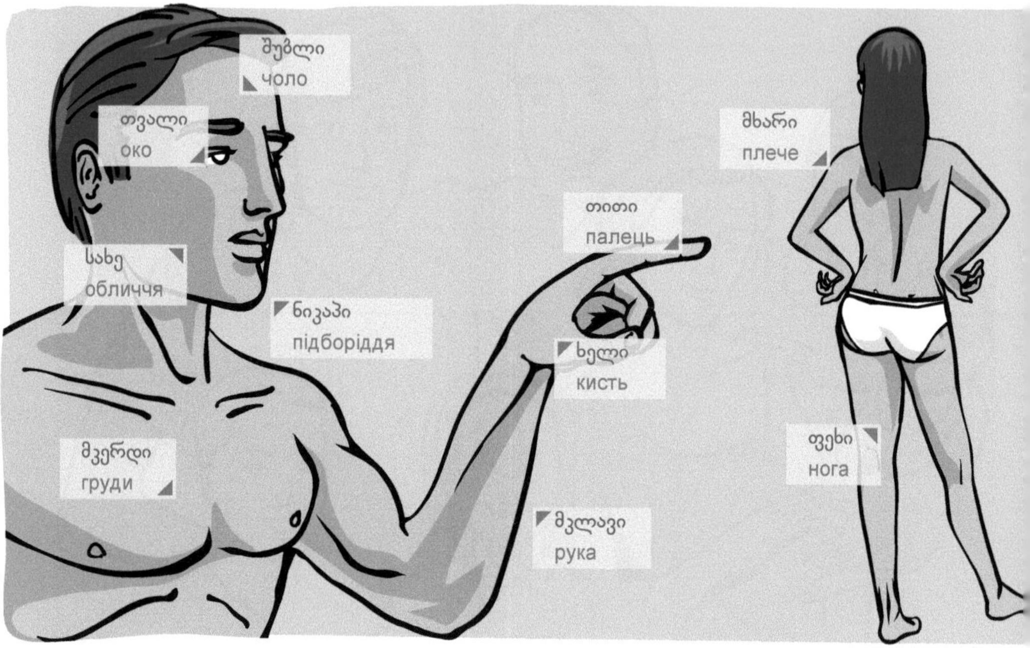

ბავშვი
немовля

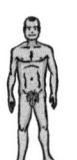

კაცი
чоловік

ქალი
жінка

გოგო
дівчина

ბიჭი
хлопчик

თავი
голова

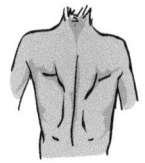

ზურგი
спина

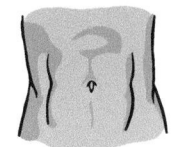

მუცელი
живіт

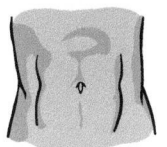

ჭიპი
пуп

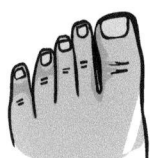

ფეხის თითი
палець ноги

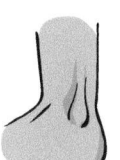

ქუსლი
п'ята

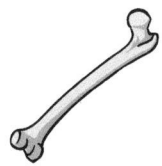

ძვალი
кістка

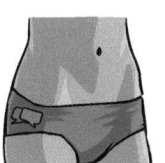

ბარძაყი
стегно

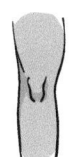

მუხლი
коліно

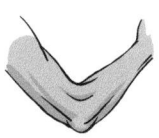

იდაყვი
лікоть

ცხვირი
ніс

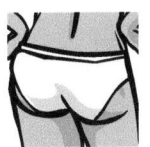

დუნდულა
сідниці

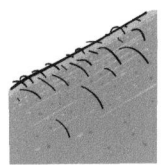

კანი
шкіра

ლოყა
щока

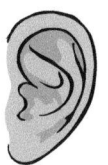

ყური
вухо

ტუჩი
губа

პირი

рот

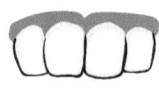

კბილი

зуб

ენა

язик

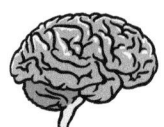

ტვინი

мозок

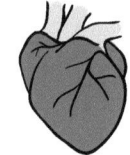

გული

серце

კუნთი

м'яз

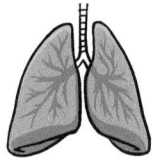

ფილტვი

легені

ღვიძლი

печінка

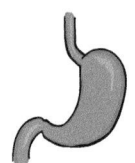

კუჭი

шлунок

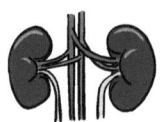

თირკმელები

нирки

სექსი

статевий акт

პრეზერვატივი

презерватив

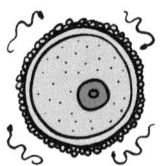

კვერცხუჯრედი

яйцеклітина

სპერმა

сперма

ორსულობა

вагітність

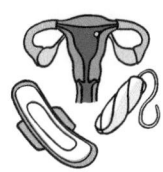

მენსტრუაცია
....
менструація

საშო
....
вагіна

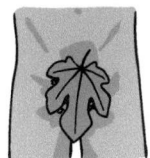

პენისი
....
пеніс

წარბი
....
брова

თმა
....
волосся

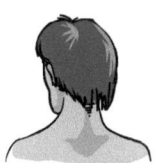

კისერი
....
шия

лікарня

საავადმყოფო
ідний візок
მოტეხილობა
перелом

ექიმი

лікар

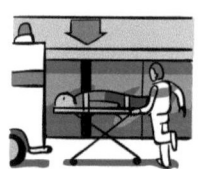

პირველი დახმარების ოთახი

відділення швидкої медичної допомоги

მედდა

медсестра

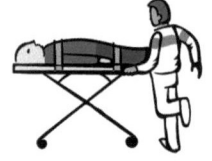

გადაუდებელი შემთხვევა

аварійний випадок

უგონოდ მყოფი

непритомний

ტკივილი

біль

საავადმყოფო - лікарня

დაზიანება

травма

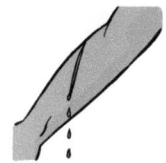

სისხლდენა

кровотеча

გულის შეტევა

інфаркт

ინსულტი

інсульт

ალერგია

алергія

ხველა

кашель

ცხელება

лихоманка

გრიპი

грип

დიარეა

пронос

თავის ტკივილი

головна біль

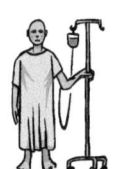

კიბო

рак

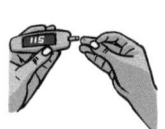

დიაბეტი

діабет

ქირურგი

хірург

სკალპელი

скальпель

ოპერაცია

операція

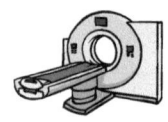

კტ

КТ

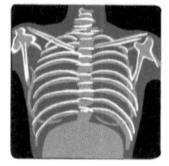

რენტგენი

рентген

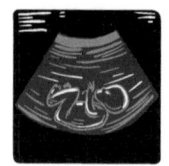

ულტრაბგერა

ультразвук

ნიღაბი

маска

დაავადება

хвороба

მოსაცდელი ოთახი

зал очікування

ყავარჯენი

милиця

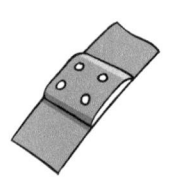

თაბაშირი

пластир

ბინტი

пов'язка

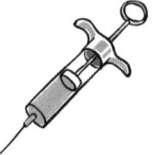

ინექცია

ін'єкція

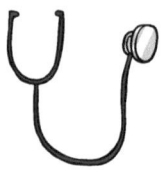

სტეტოსკოპი

стетоскоп

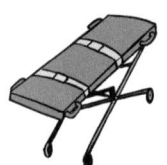

საკაცე

ноші

თერმომეტრი

термометр

დაბადება

народження

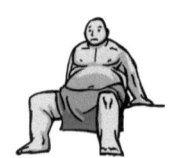

ჭარბი წონა

надмірна вага

სმენის აპარატი

слуховий апарат

სადეზინფექციო საშუალება

дезінфікуючий засіб

ინფექცია

інфекція

ვირუსი

вірус

აივ / შიდსი

ВІЛ / СНІД

წამალი

медицина

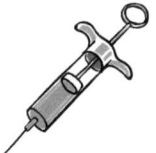

ვაქცინაცია

вакцинація

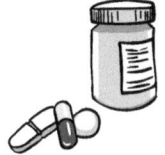

ტაბლეტები

таблетки

აბი

протизаплідна пігулка

გადაუდებელი გამოძახება

екстрений виклик

წნევის საზომი აპარატი

тонометр

ავადმყოფი / ჯანმრთელი

хворий / здоровий

аварійний випадок

დამეხმარეთ!

Допоможіть!

განგაში

сигнал тривоги

თავდასხმა

напад

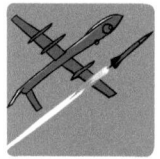

შეტევა

атака

საფრთხე

небезпека

სათადარიგო გასასვლელი

аварійний вихід

ხანძარი!

Вогонь!

ცეცხლსაქრობი

вогнегасник

უბედური შემთხვევა

аварія

პირველადი დახმარების აფთიაქი

аптечка

SOS

СОС

პოლიცია

поліція

ევროპა

Європа

ჩრდილოეთ ამერიკა

Північна Америка

სამხრეთ ამერიკა

Південна Америка

აფრიკა

Африка

აზია

Азія

ავსტრალია

Австралія

ატლანტიკა

Атлантика

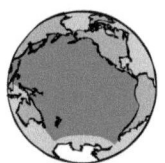

წყნარი ოკეანე

Тихий океан

ინდოეთის ოკეანე

Індійський океан

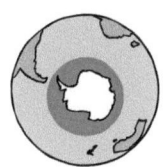

ანტარქტიკის ოკეანე

Антарктичний океан

ჩრდილოეთის ყინულოვანი
ოკეანე

Північний Льодовитий
океан

ჩრდილოეთ პოლუსი

Північний полюс

სამხრეთ პოლუსი

Південний полюс

ანტარქტიდა

Антарктика

დედამიწა

Земля

ხმელეთი

суша

ზღვა

море

კუნძული

острів

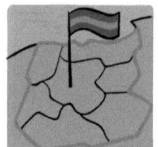

ერი

нація

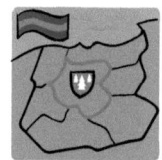

სახელმწიფო

держава

დედამიწა - Земля

ციფერბლატი

циферблат

საათების ისარი

годинникова стрілка

წუთების ისარი

хвилинна стрілка

წამების ისარი

секундна стрілка

რომელი საათია?

Котра година?

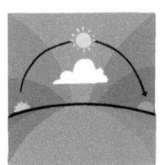

დღე

день

დრო

час

ახლა

зараз

ციფრული საათი

цифровий годинник

წუთი

хвилина

საათი

година

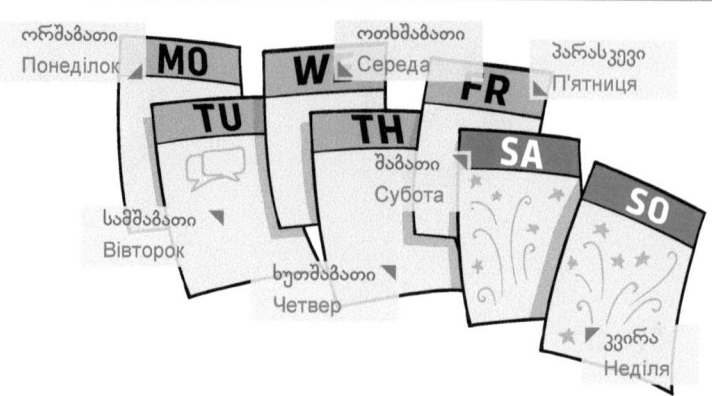

тиждень

ორშაბათი
Понеділок
MO
ოთხშაბათი
Середа
W
პარასკევი
П'ятниця
FR
TU
TH
შაბათი
Субота
SA
სამშაბათი
Вівторок
SO
ხუთშაბათი
Четвер
კვირა
Неділя

1

გუშინ

вчора

2

დღეს

сьогодні

3

ხვალ

завтра

დილა

ранок

შუადღე

опівдні

საღამო

вечір

MO TU WE TH FR SA SU
1 2 3 4 5 6 7
8 9 10 11 12 13 14
15 16 17 18 19 20 21
22 23 24 25 26 27 28
29 30 31 1 2 3 4

სამუშაო დღეები

робочі дні

MO TU WE TH FR SA SU
1 2 3 4 5 6 7
8 9 10 11 12 13 14
15 16 17 18 19 20 21
22 23 24 25 26 27 28
29 30 31 1 2 3 4

შაბათი-კვირა

кінець робочого тижня

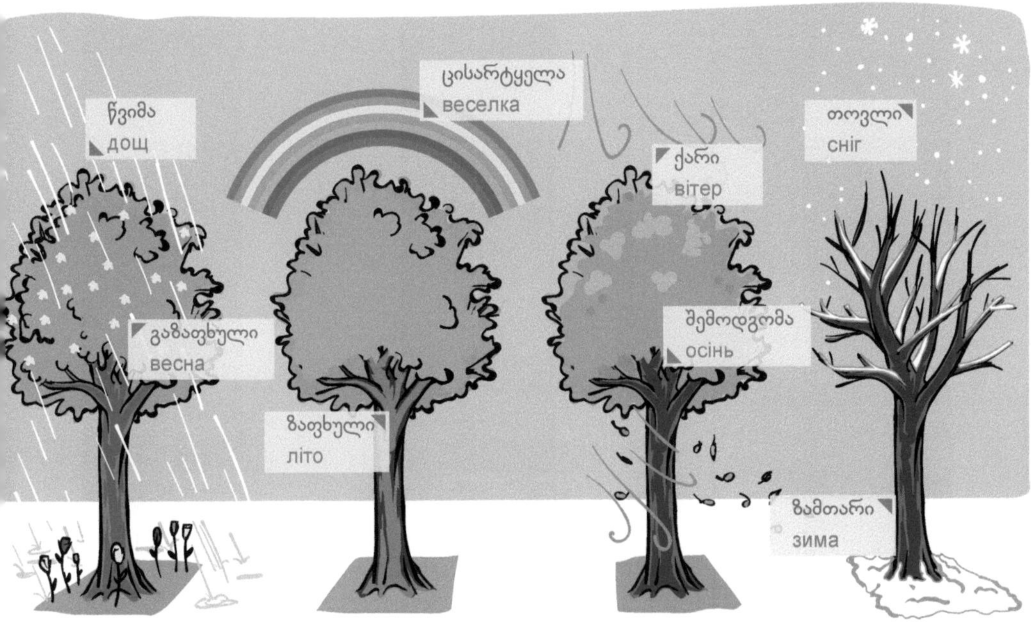

წვიმა
дощ

ცისარტყელა
веселка

ქარი
вітер

თოვლი
сніг

გაზაფხული
весна

ზაფხული
літо

შემოდგომა
осінь

ზამთარი
зима

4.APRIL	11°	☀
5.APRIL	4°	🌦
6.APRIL	13°	⛅
7.APRIL	8°	❄
8.APRIL	10°	☀

ამინდის პროგნოზი

прогноз погоди

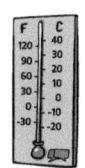

თერმომეტრი

термометр

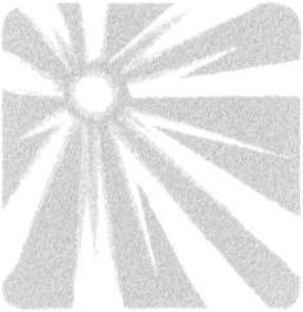

მზის სხივი

сонячне світло

ღრუბელი

хмара

ნისლი

туман

ტენიანობა

вологість повітря

ელვა

блискавка

ქუხილი

грім

შტორმი

шторм

სეტყვა

град

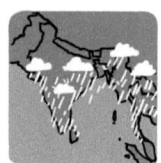

მუსონი

мусон

წყალდიდობა

повінь

ყინული

лід

იანვარი

Січень

თებერვალი

Лютий

მარტი

Березень

აპრილი

Квітень

მაისი

Травень

ივნისი

Червень

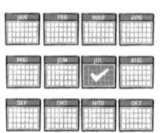

ივლისი

Липень

აგვისტო

Серпень

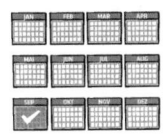

სექტემბერი

Вересень

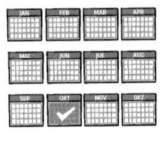

ოქტომბერი

Жовтень

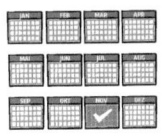

ნოემბერი

Листопад

დეკემბერი

Грудень

форми

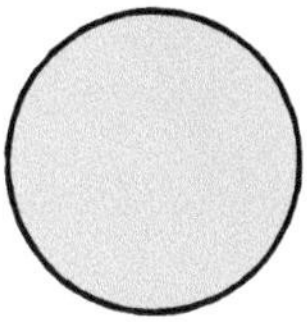

წრე

круг

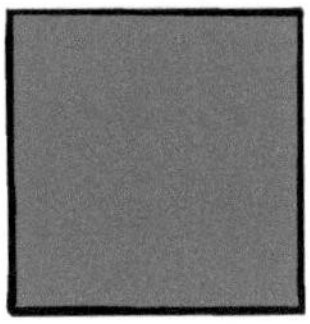

კვადრატი

квадрат

მართკუთხედი

прямокутник

სამკუთხედი

трикутник

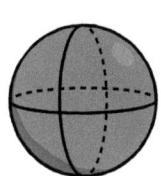

სფერო

куля

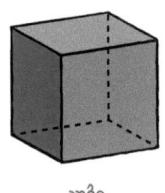

კუბი

куб

фарби

თეთრი

білий

ყვითელი

жовтий

ნარინჯისფერი

помаранчевий

ვარდისფერი

рожевий

წითელი

червоний

იისფერი

фіолетовий

ცისფერი

синій

მწვანე

зелений

ყავისფერი

коричневий

ნაცრისფერი

сірий

შავი

чорний

ბევრი / ცოტა

багато / мало

გაბრაზებული / მშვიდი

лютий / мирний

ლამაზი / მახინჯი

гарний / бридкий

დასაწყისი / დასასრული

початок / кінець

დიდი / პატარა

великий / малий

ნათელი / მუქი

світлий / темний

ძმა / და

брат / сестра

სუფთა / ჭუჭყიანი

чистий / брудний

სრული / არასრული

завершений / незавершений

დღე / ღამე

день / ніч

მკვდარი / ცოცხალი

мертвий / живий

განიერი / ვიწრო

широкий / вузький

საჭმელად ვარგისი /
საჭმელად უვარგისი

їстівний / неїстівний

ბოროტი / კეთილი

злий / дружній

შთამბეჭდავი / მოსაწყენი

збуджений / нудьгуючий

სქელი / თხელი

товстий / тонкий

პირველი / ბოლო

спочатку / востаннє

მეგობარი / მტერი

друг / ворог

სრული / ცარიელი

повний / порожній

მყარი / რბილი

жорсткий / м'який

მძიმე / მსუბუქი

важкий / легкий

მოშიებული / მწყურვალე

голод / спрага

ავადმყოფი / ჯანმრთელი

хворий / здоровий

არალეგალური /
ლეგალური

незаконний / законний

ინტელექტუალი / სულელი

розумний / дурний

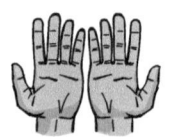

მარცხენა / მარჯვენა

вліво / вправо

ახლოს / შორს

поруч / далеко

ახალი / გამოყენებული

новий / використаний

არაფერი / რაღაცა

нічого / щось

მოხუცი / ახალგაზრდა

старий / молодий

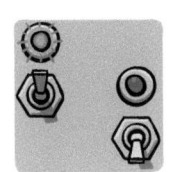

ჩართვა / გამორთვა

вкл / викл

ღია / დახურული

відкрито / закрито

ჩუმი / ხმამაღალი

тихо / гучно

მდიდარი / ღარიბი

багатий / бідний

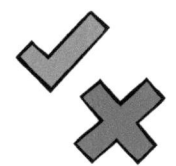

მართალი / მტყუანი

правильно / неправильно

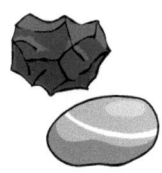

უხეში / გლუვი

шорсткий / гладкий

სევდიანი / ბედნიერი

сумний / щасливий

მოკლე / გრძელი

короткий / довгий

ნელი / სწრაფი

повільно / швидко

სველი / მშრალი

вологий / сухий

თბილი / გრილი

гарячий / холодний

ომი / მშვიდობა

війна / мир

0

ნული

нуль

1

ერთი

один

2

ორი

два

3

სამი

три

4

ოთხი

чотири

5

ხუთი

п'ять

6

ექვსი

шість

7

შვიდი

сім

8

რვა

вісім

9

ცხრა

дев'ять

10

ათი

десять

11

თერთმეტი

одинадцять

12

თორმეტი

дванадцять

13

ცამეტი

тринадцять

14

თოთხმეტი

чотирнадцять

15

თხუთმეტი

п'ятнадцять

16

თექვსმეტი

шістнадцять

17

ჩვიდმეტი

сімнадцять

18

თვრამეტი

вісімнадцять

19

ცხრამეტი

дев'ятнадцять

20

ოცი

двадцять

100

ასი

сто

1.000

ათასი

тисяча

1.000.000

მილიონი

мільйон

ინგლისური

англійська

ამერიკული ინგლისური

американська англійська

ჩინური მანდარინი

китайська високочиновницька

ჰინდი

хінді

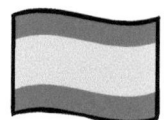

ესპანური

іспанська

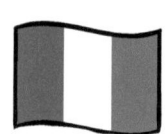

ფრანგული

французька

არაბული

арабська

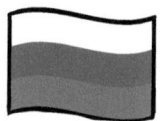

რუსული

російська

პორტუგალიური

португальська

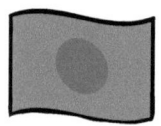

ბენგალური

бенгальська

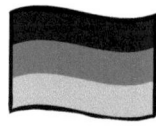

გერმანული

німецька

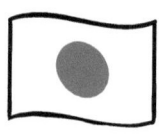

იაპონური

японська

მე

я

შენ

ти

ის / ის / იგი

він / вона / воно

ჩვენ

ми

თქვენ

ви

ისინი

вони

ვინ?

хто?

რა?

що?

როგორ?

як?

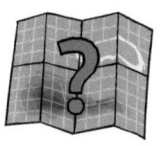

სად?

де?

როდის?

коли?

სახელი

ім'я

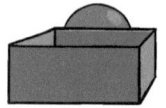

უკან

ззаду

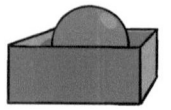

შიგნით

в

წინ

перед

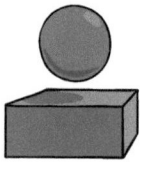

ზედ

над

=-ზე

на

ქვეშ

під

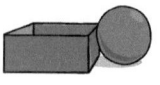

გვერდით

біля

შორის

між

ადგილი

місце